LOS MOMENTOS MÁS DESTACADOS DE LA COPA MUNDIAL

por Kurt Waldendorf

CAPSTONE PRESS
a capstone imprint

Publicado por Capstone Press, una impresión de Capstone
1710 Roe Crest Drive, North Mankato, Minnesota 56003
capstonepub.com

Publicado originalmente como *The Greatest Moments of the World Cup*, copyright 2026 por Capstone.

Los datos de catalogación previos a la publicación se encuentran disponibles en el sitio web de la Biblioteca del Congreso.

ISBN: 9798875296130 (tapa dura)
ISBN: 9798875296222 (tapa blanda)
ISBN: 9798875296017 (PDF libro electrónico)

Resumen: La Copa Mundial son 90 minutos emocionantes de pases, tiros y goles. Los lectores exploran algunos de los eventos más memorables jamás vistos en una cancha de fútbol.

Créditos editoriales:
Editora: Heather DiLorenzo Williams; Diseñadora: Cynthia Della-Rovere; Investigadoras de medios: Courtney Rust, Catherine Guden

Créditos fotográficos:
Getty: Allsport/Hulton Archive, 8, Ben Radford, 10–11, Buda Mendes, 14–15, Cameron Spencer, 4, Dave Cannon/Allsport/Hulton Archive, cover (medio), Duncan Raban/Allsport/Hulton Archive, 16, Jed Jacobsohn, 24, John Todd/ISI Photos/Getty Images, 25, Joern Pollex, 28–29, Jonathan Ferrey, cover (izquierda), Julian Finney, 5, Kevin C. Cox, 12–13, Kevork Djansezian, cover (Derecha), Keystone/Hulton Archive, 20–21, Lars Baron/Bongarts, cover (arriba), Paul Gilham, 7, Peter Robinson/EMPICS, 22, Popperfoto, 6, Richard Heathcote, 17, Robert Cianflone, 19, Newscom: Robert Vanden Brugge/UPI Photo Service, 26–27

Elementos de diseño:
Shutterstock: Arroyan Art, Dimitri Rukhlenko, Donglpix, madorf, Vector-3D

Printed and bound in China. 6459

CONTENIDO

Las palabras en **negrita** están en el glosario.

CAPÍTULO 1

¿QUÉ HACE QUE UN MOMENTO SEA DESTACADO?

El fútbol es un deporte de grandes momentos. Un pase en el momento justo puede crear una posibilidad de marcar un gol. Un salto de último segundo del portero puede lograr una atajada crucial. Un solo disparo puede dar la victoria a un equipo.

Las Copas Mundiales Masculina y Femenina son los eventos más importantes del fútbol. Cada cuatro años, cada evento reúne a las mejores **selecciones nacionales** del mundo. El equipo ganador se proclama Campeón del Mundo.

Las jugadoras de España celebran su victoria en la Copa Mundial Femenina de 2023, convirtiendo a España en el segundo país en la historia en ganar tanto el campeonato masculino como el femenino.

Lionel Messi levanta el trofeo de la Copa Mundial de 2022 tras la victoria de Argentina sobre Francia en la final.

Debido a que las Copas Mundiales Masculina y Femenina son tan especiales, en estos eventos se viven muchos momentos importantes. Estos momentos pueden involucrar a jugadores, equipos o incluso naciones. Pero los momentos más memorables tienen algo en común: la afición los recuerda durante muchos años.

CAPÍTULO 2

MOMENTOS INDIVIDUALES

Algunos de los momentos más memorables de la Copa Mundial se crean gracias a actuaciones individuales increíbles.

Jóvenes destacados

La estrella del fútbol brasileño Pelé creó un gran momento al principio de su carrera. Compitió en su primera Copa Mundial Masculina a los 17 años. Pelé dominó el evento. Marcó un gol en los cuartos de final. En las semifinales, marcó un **triplete**. Pero su mejor momento llegó en la final. Los dos goles de Pelé llevaron a Brasil a la victoria. Se convirtió en el campeón de la Copa Mundial más joven de la historia.

Pelé marca contra Suecia durante la final de la Copa Mundial de 1958.

Marta dispara durante la Copa Mundial de 2007. Se convirtió en la máxima goleadora de Brasil de todos los tiempos.

Marta de Brasil tuvo una actuación similar en 2007. Al llegar a la Copa Mundial Femenina, Estados Unidos era el gran favorito. Pero en el partido entre Brasil y la Selección Nacional Femeninia de Estados Unidos (USWNT, por sus siglas en inglés), fue Marta quien dominó. Marcó dos goles y Brasil ganó 4–0. El partido demostró que, con 21 años, Marta ya era la mejor jugadora del mundo.

Diego Maradona jugó cuatro Copas Mundiales con Argentina. En 1986, ganó el Balón de Oro como mejor jugador del torneo.

El Gol del Siglo

Los goles suelen ser los momentos más emocionantes de un partido. Uno de los goles más memorables de la Copa Mundial Masculina ocurrió en 1986. Argentina jugaba contra su **rival**, Inglaterra. Diego Maradona recibió el balón en el mediocampo. Regateó a las defensas inglesas. Corrió hacia la portería. Finalmente, engañó al portero y metió el balón en la red.

La jugada duró solo 11 segundos. Pero Maradona superó a cinco defensores diferentes durante su carrera. Su increíble gol fue posteriormente nombrado el Gol del Siglo.

Una decisión difícil

El partido Argentina-Inglaterra de 1986 tuvo varios momentos clave. Uno de ellos se produjo a los pocos minutos del segundo tiempo. Diego Maradona saltó para golpear un balón con la cabeza. El portero inglés extendió la mano para atrapar el balón. De alguna manera, el balón terminó en el fondo de la red. Un video posterior mostró que la mano de Maradona había tocado el balón. Pero el gol fue válido. El gol de la "Mano de Dios" es uno de los más **polémicos** en la historia de la Copa Mundial.

Un final único

Algunas grandes jugadas son tan únicas que nunca se repiten. Una de estas jugadas se produjo en la final de la Copa Mundial Femenina de 2003. En la **prórroga**, Nia Künzer de Alemania marcó un gol de cabeza. Normalmente, el partido continuaría después del gol. Pero el torneo de 2003 fue diferente. Tenía la regla del "gol de oro": El primer equipo en marcar en la prórroga ganaba el partido.

El gol de Künzer fue la única vez que la Copa Mundial se decidió por un gol de oro. La regla cambió en 2004. Ahora los equipos juegan la prórroga completa. Si el marcador está empatado, el partido se juega en **tiros penales** o penaltis.

Cinco finales de la Copa Mundial se han decidido en penales. La Copa Mundial Femenina de 1999 y 2011 se decidió en la tanda de penaltis. La Copa Mundial Masculina se decidió por penaltis en 1994, 2006 y 2022.

Nia Künzer (centro) no se dio cuenta de que su cabezazo había entrado en la portería hasta que sintió que sus compañeras la rodeaban segundos después.

El triplete de Carli Lloyd, incluyendo su gol desde el centro del campo, se produjo durante los primeros 16 minutos de la final de 2015.

Movimientos impresionantes

El fútbol es un juego de estilo. Algunos grandes momentos ocurren cuando las jugadoras introducen movimientos poco vistos antes.

Johan Cruyff, de los Países Bajos, creó un nuevo movimiento en la Copa Mundial Masculina de 1974. Cruyff movió la pierna para pasar el balón. El defensor saltó a un lado. Pero el movimiento fue una finta. Cruyff dribló el balón hacia el lado contrario. El "Giro Cruyff" dejó al defensora atrás. El movimiento fue tan útil que todavía se enseña hoy en día.

Carli Lloyd, de la selección estadounidense, realizó un movimiento impactante en la final de la Copa Mundial Femenina de 2015. Lloyd recibió el balón en el centro del campo. Todos esperaban que lo pasara. En cambio, disparó. El disparo de Lloyd voló 50 yardas (46 metros). Se escapó entre los dedos del portero y entró en la red. El memorable gol coronó una increíble jornada de tres goles para Lloyd.

Emi Martínez de Argentina (derecha) bloquea un disparo de Randal Kolo Muani de Francia. Martínez ganó el Guante de Oro del torneo de 2022 gracias a su impresionante actuación en la portería.

Atajadas que cambian el partido

No todos los momentos memorables ocurren en ataque. El portero Emi Martínez arrasó con su defensa en la final de la Copa Mundial Masculina de 2022. Argentina y Francia estaban empatadas a pocos segundos del final del partido. Un jugador francés superó a las defensas de Argentina. Tuvo un disparo limpio al arco. Pero Martínez estiró el pie en el último momento. Su increíble atajada ayudó a Argentina a ganar el torneo.

Kristine Lilly no era portera. Pero realizó una de las atajadas más memorables en la historia de la Copa Mundial Femenina. En la final de 1999, China estuvo a punto de adelantarse contra Estados Unidos. Pero Lilly saltó desde la línea de gol y bloqueó el disparo con la cabeza. La jugada mantuvo a la selección femenina estadounidense en el partido. Las estadounidenses siguieron y ganaron el torneo.

Marco Tardelli celebra su gol durante la final de la Copa Mundial de 1982.

Celebraciones memorables

A veces, la reacción de un jugador o jugadora es el momento más memorable de un partido. Ese fue el caso cuando Marco Tardelli anotó para Italia en la Copa Mundial Masculina de 1982. Pocos esperaban que Italia le ganara a Alemania 2–0 en la final. Pero nadie pareció más sorprendido que Tardelli. Tras anotar, corrió por el campo. Las lágrimas le corrían por las mejillas. Su alegre celebración se volvió **icónica**.

Megan Rapinoe, de la selección femenina de Estados Unidos, mostró una emoción diferente durante la Copa Mundial Femenina de 2019. Rapinoe era conocida por hablar de problemas fuera del campo durante su carrera. Algunos la criticaron por sus palabras. Pero en su celebración del gol de 2019, Rapinoe demostró que no le importaba lo que dijeran de ella. Se mantuvo erguida con los brazos abiertos. La pose demostró que estaba orgullosa de ser ella misma.

Megan Rapinoe celebra tras marcar el primer gol en la final de la Copa Mundial de 2019.

CAPÍTULO 3

MOMENTOS DE EQUIPO

El fútbol es un deporte de equipo. Algunos de los mejores momentos de la Copa Mundial ocurren cuando los equipos logran grandes cosas juntos.

Una sorpresa impactante

Jamaica era la gran desfavorecida en la Copa Mundial Femenina de 2023. El país solo había participado en el torneo una vez. En 2023, Jamaica enfrentó duras pruebas. El equipo necesitaba superar a Francia y Brasil para avanzar.

El equipo estuvo a la altura del desafío. Jamaica empató con Francia tras perder a una jugadora por **tarjeta roja**. Luego también empataron contra Brasil. El el partido de 0–0 no fue lo más emocionante. Pero el resultado fue impactante. Provocó a Brasil su eliminación más temprana del torneo desde 1995. Y envió a Jamaica a la segunda ronda por primera vez.

La jamaiquina Khadija Shaw (izquierda) escapa de una entrada de una defensa francesa en la Copa Mundial de 2023.

Un equipo dominante

Algunos grandes momentos surgen de jugadores que demuestran un trabajo en equipo excepcional.

La selección masculina de Brasil de 1970 estaba repleta de estrellas. Pero el momento más destacado del equipo fue el resultado del trabajo en equipo. En la segunda mitad de la final de la Copia Mundial contra Italia, Brasil movió el balón con gracia. Completaron nueve pases a ocho jugadores diferentes. Al final de la jugada, Carlos Alberto metió el balón en la red. El gol no solo ayudó a Brasil a ganar un título en la Copa Mundial. Fue uno de los goles de equipo más impresionantes de la historia.

Brasil también sufrió una de las mayores decepciones en la historia de la Copa Mundial Masculina. El equipo era el favorito en el torneo de 2014. Pero el desastre llegó en las semifinales contra Alemania. Brasil perdió 7–1 frente a su público local.

La selección brasileña de la Copa Mundial de 1970 es considerada una de las mejores selecciones de fútbol de todos los tiempos.

Johan Cruyff (izquierda) y Franz Beckenbauer (derecha) fueron feroces rivales. Sus estilos tan diferentes contribuyeron a dar forma al fútbol tal como se juega hoy.

Una rivalidad intensa

Algunos grandes momentos de la Copa Mundial ocurren cuando los rivales se enfrentan. Uno de los momentos de mayor rivalidad masculina tuvo lugar entre Alemania y los Países Bajos en 1974. Ambos equipos eran talentosos. Y ambos contaban con estrellas. Franz Beckenbauer lideró a la selección alemana. Johan Cruyff lideró a la selección de los Países Bajos. Ambos habían dominado las ligas de clubes durante años. En la final de la Copa Mundial, finalmente se enfrentaron.

La afición de ambos países llenó las gradas. El partido estuvo a la altura de la emoción. Tras ir perdiendo 1–0, Alemania remontó para ganar 2–1 y llevarse el título a casa.

DATO CURIOSO

Las rivalidades entre países vecinos se conocen como "batallas fronterizas". Alemania contra los Países Bajos y Argentina contra Brasil son acaloradas batallas fronterizas en el fútbol masculino. Estados Unidos y Canadá mantienen una fuerte rivalidad en el fútbol femenino.

CAPÍTULO 4

MOMENTOS MÁS ALLÁ DEL PARTIDO

Algunos momentos de la Copa Mundial son memorables por su importancia fuera del campo.

Jugando para la afición local

La Copa Mundial Femenina de 1999 fue un gran acontecimiento para el fútbol femenino. El deporte había crecido desde la primera Copa Mundial Femenina en 1991. Pero para el torneo de 1999, los organizadores hicieron planes ambiciosos. Organizaron partidos en grandes estadios por todo Estados Unidos. Era un gran riesgo. ¿Llegaría suficiente gente para llenar los estadios?

Las asombrosas habilidades de Mia Hamm atrajeron a muchos nuevos aficionados al fútbol tras la Copa Mundial de 1999.

Los 90.185 aficionados que asistieron a la final de la Copa Mundial Femenina de 1999 establecieron un récord en aquel momento, al ser la mayor multitud reunida en la historia de un evento deportivo femenino.

La afición respondió. Casi 80.000 personas acudieron al primer partido de la selección femenina de Estados Unidos. La multitud fue la más numerosa en la historia de un evento deportivo femenino en Estados Unidos. La afición volvió a batir el récord en la final de la Copa Mundial. Más de 90.000 personas vitorearon cuando la selección femenina de Estados Unidos se enfrentó a China. El momento demostró que, si se les da la oportunidad, los aficionados acudirían a apoyar el fútbol femenino.

Un partido tenso

En la Copa Mundial, las jugadores no solo representan a sus equipos. También representan a sus países. Por eso, algunos momentos son **políticos**.

Estados Unidos se enfrentó a Irán en la Copa Mundial Masculina de 1998. La relación entre ambos países era mala en aquel entonces. Pero los

Jugadores de Irán y Estados Unidos posan juntos en un gesto de paz en la Copa Mundial de 1998.

equipos demostraron una gran **espíritu deportivo**. Los jugadores de Irán regalaron rosas blancas a los estadounidenses antes del partido. Las flores representaban la paz. Los jugadores se tomaron fotos juntos. El momento demostró el poder del deporte para unir a la gente.

Una decisión difícil

El equipo de Inglaterra se hizo conocido por su espíritu deportivo en la Copa Mundial Femenina de 2023. Las jugadoras inglesas no presumieron tras ganar. Demostraron respeto y apoyo a sus rivales. La capacidad del equipo para ganar con elegancia se convirtió en uno de los grandes momentos del torneo.

Una victoria muy necesaria

Cuando un equipo gana la Copa Mundial, celebra la afición de todo el país de origen del equipo.

En 2011, la gente en Japón necesitaba algo que celebrar. Un terremoto y un tsunami acababan de azotar el país. Muchas ciudades habían sido destruidas. La selección nacional femenina de Japón trajo esperanza. Las menos favoritas llegaron hasta la final de la Copa Mundial Femenina.

Jugadoras de la selección femenina de Japón celebran su victoria en la Copa Mundial de 2011. Fueron el primer equipo asiático en ganar un torneo masculino o femenino.

Entonces hicieron algo extraordinario. Japón venció a la gran favorita, la selección femenina estadounidense, para darle al país su primer título de la Copa Mundial. La victoria no solo fue una gran sorpresa. También fue un momento de felicidad muy necesario para el pueblo de Japón.

Momentos futuros

¿Qué grandes momentos se vivirán en la próxima Copa Mundial? Es imposible predecirlo. Pero una cosa es segura. La afición los recordará durante muchos años.

GLOSARIO

equipos nacionales (e-QUI-pos na-cio-NA-les): equipos deportivos que representan a sus respectivos países

espíritu deportivo (es-PÍ-ri-tu de-por-TI-vo): comportamiento justo y respetuoso al practicar un deporte

icónico (i-CÓ-ni-co): ampliamente visto como la captura perfecta del significado o espíritu de algo o alguien

polémico (po-LÉ-mi-co): que causa mucha discusión

político (po-LÍ-ti-co): de o relacionado con el gobierno

prórroga (PRÓ-rro-ga): un tiempo extra de juego cuando un partido está empatado después del tiempo reglamentario

tarjeta roja (tar-GE-ta RO-ja): una sanción que expulsa a un jugador de un partido

tiros penales (TI-ros pe-NA-les): tiros libres concedidos al ataque cuando la defensa comete un penalti

triplete (tri-PLE-te): cuando un jugador marca tres goles en un partido

rival (ri-VAL): alguien contra quien una persona compite

SOBRE EL AUTOR

Kurt Waldendorf es el autor de más de una docena de libros para niños. Cuando no está escribiendo ni editando, disfruta de la escalada en roca bajo techo y de correr por la orilla del lago Michigan con su perro. Vive en Chicago.

ÍNDICE